# LA GESTION FINANCIÈRE

Une affaire de jeunes

**TIFFEN NDJAMBOU**

# LA GESTION FINANCIÈRE

# TIFFEN NDJAMBOU

## LA GESTION FINANCIÈRE

Une affaire de jeunes

À vous jeunes, sachez que vous êtes nés pour être prospères à tous égard

# Table des matières

Déclarez-vous ................................................. 7

Avant-propos ............................................... 10

Introduction .................................................. 13

Première Partie : La richesse ...................... 18

Chapitre 1 : Qu'est-ce que la vraie richesse ? .... 19

Chapitre 2 : La différence entre le revenu et la richesse ................................................... 29

Chapitre 3 : Les caractéristiques d'une vraie personne riche ............................................ 35

Chapitre 4 : Pourquoi devons-nous devenir riche ?
...................................................... 43

Deuxième Partie : La gestion financière .......... 49

Chapitre 5 : 5 lois pour une bonne gestion financière ................................................... 50

Chapitre 6 : Les avantages d'une bonne gestion financière ……............................................... 72

Conclusion ................................................. 78

Remerciements ............................................ 79

À propos de l'auteur ...................................... 80

**« Déclarez-vous …**

… des paroles d'encouragement pour les efforts que vous faites.

… des paroles de bonheur, santé, prospérité et faites-le aussi pour votre prochain.

… des paroles de succès pour votre vie.

… des paroles de positivité pour les situations auxquelles vous faites faces.

… des paroles d'amélioration pour les erreurs que vous commettez ou que vous avez commises.

… des paroles d'assurance pour que la peur et le stress ne prennent plus le dessus sur vous.

… des paroles d'objectivité pour les choses que vous voulez atteindre ou pour la personne que vous voulez devenir.

« Notre rapport collectif à l'argent est en train de causer notre perte. Cet amour et cette haine, et les étincelles qui jaillissent de leur danse, ne font pas seulement du mal à l'individu qui souffre. Ils se propagent comme des dommages collatéraux, chez ceux qui nous entourent, dans la communauté et la société dans son ensemble ».

— Joe Vitale

« Même si l'argent n'est qu'une perception, un concept abstrait, on ne le voit pas ainsi lorsque nous n'en avons pas assez ! Et une chose est certaine : ou vous l'utilisez, ou il vous utilise. Ou bien vous maîtrisez l'argent ou d'une certaine manière, il est votre maître ! ».

— Tony Robbins

# Avant-propos

Ce livre s'adresse à tous les jeunes qui ont des problèmes financiers et qui cherchent des moyens de pouvoir bien gérer leur argent. La gestion financière est très importante pour une personne qui veut atteindre la liberté financière.

En tant que jeunes, nous devons arriver à bien gérer nos finances. Pour qu'un pays puisse connaître un essor économique, la population elle aussi doit connaître un essor économique, autrement dit elle doit prospérer et nous (jeunes) faisons partie de cette population. Le monde attend que nous puissions réussir et connaître les principes qui nous permettront d'atteindre le bonheur sur tous les plans de notre vie. Ce n'est pas seulement pour nous que nous devons le faire, mais aussi pour notre famille, nos amis et notre communauté.

Les difficultés financières auxquelles j'ai fait face auparavant m'ont permis de comprendre que sans une bonne gestion financière, nous ne serons pas heureux sur tous les plans de notre vie.

Je peux même remercier Dieu, car grâce à ces difficultés financières, j'ai pu découvrir et développer des habitudes voire des principes qui me permettent à présent d'avoir une bonne relation avec mes finances.

Au travers de ce livre, j'aimerais vous inspirer, vous pousser à découvrir et à mettre en pratique ces principes. Ce manifeste est une invitation à vous joindre à mon mouvement. Un mouvement selon lequel « il faut que les jeunes de cette génération arrivent à bien gérer leur argent car nous sommes l'avenir de demain ». Je suis en mission pour pouvoir créer, apporter des solutions pour mes semblables. Ma mission commence en vous aidant à comprendre le domaine des finances en tant que jeune.

C'est pour nous que je le fait.

Allez-vous me rejoindre ?

Tiffen NDJAMBOU

# Introduction

## LA GESTION FINANCIÈRE

La gestion financière est un sujet dont nous parlons le moins dans notre société actuelle surtout chez les jeunes. C'est comme si nous avons peur d'en parler. Elle est un sujet tabou. En cette ère de l'information, beaucoup d'étudiants, enfants, et adolescents ont des problèmes avec la question des finances.

On nous pousse à dépenser, plutôt qu'à épargner ou investir. On nous pousse à devenir des consommateurs plutôt que des producteurs. C'est pour ça que dès le bas âge, nous sommes formatés pour partir à l'école, obtenir des diplômes et devenir des salariés. C'est comme une matrice, une prison, de l'esclavage. Je ne suis pas en train de dire que l'école n'est pas importante.

Je suis juste en train de dire que ce n'est pas tout le monde qui est fait pour s'asseoir sur les bancs de l'école. L'ancienne génération (Nos parents) qui est de l'ère industrielle, ne comprend pas qu'en cette ère nouvelle qui est l'ère de l'information nous n'avons plus besoin de s'asseoir sur les bancs de l'école pour pouvoir réussir.

Celui ou celle qui a plus de compétences et d'expériences dans le domaine de la création de richesses réussira plus que celui ou celle qui a juste des diplômes et qui ne s'intéressent pas à ce domaine. Avoir des diplômes ne signifie pas forcément avoir réussi dans la vie. Il y'a des personnes qui trichent pour avoir ces derniers.

La plupart des personnes (Steve Jobs, Mark Zukerberg, Thomas Edison, Henri Ford etc...) ayant réussi en étant à la tête d'entreprises ayant une renommée internationale, ne sont pas allées jusqu'au doctorat mais ont quand même obtenu du succès grâce à leur détermination, leur courage et leur foi.

Ce n'est pas parce que vous quittez les bancs de l'école que vous devez arrêter d'étudier. Aujourd'hui nous avons à notre disposition des bibliothèques ou encore des sites comme Amazon où nous pouvons commander des livres.

L'apprentissage est un processus continu pour celui qui vise les sommets. Nous devons apprendre sans cesse de nouvelles choses car le monde lui-même évolue.

Pourquoi l'éducation financière n'est-elle pas transmise au primaire, au lycée et à l'université ? C'est parce que certains de nos profs ne savent pas aussi comment gérer leur argent ou encore n'ont pas de connaissances dans le domaine des finances et c'est dramatique.

Il est temps que nous en tant que jeunes, nous nous réveillons car nous ne pouvons pas continuer à être sous l'emprise de l'argent et à courir après lui.

Nous devons être renouvelés dans notre système de pensée car c'est d'une extrême urgence que l'être humain sache qu'il est venu sur terre pour avoir la domination sur tout type de choses dont ce papier que nous appelons l'argent. Nous devons avoir un bon rapport avec lui car il est le meilleur serviteur.

De la même manière que nous devons respecter des principes de vie par rapport à notre prochain, nous devons aussi respecter des principes financiers par rapport à la question de l'argent.

Une bonne gestion financière requiert une compréhension et une mise en application des lois financières.

Dans la première partie nous parlerons de la définition de la vraie richesse et dans la deuxième partie nous parlerons des lois et des avantages d'une bonne gestion financière.

# PREMIERE PARTIE

# LA RICHESSE

# Chapitre 1

## Qu'est-ce que la vraie richesse ?

« La fortune d'un homme n'est pas contenue dans la bourse qu'il transporte ».

— George Samuel Clason

Depuis des siècles, on nous a toujours fait croire que la richesse se définit par de l'argent dans un compte en banque. Si nous voyons une personne qui a beaucoup d'argent dans son compte bancaire, nous nous disons que c'est une personne qui est forcément riche.

Notre génération a été infectée par ce virus ou encore par ce faux concept de la richesse.

Même moi à un moment donné, j'ai été sérieusement infecté par lui et cela a été très difficile d'en guérir.

Laissez-moi vous dire quelque chose :

La richesse ne se définit pas d'abord par de l'argent dans un compte en banque. Elle se définit d'abord par votre mentalité. La richesse est d'abord spirituelle avant d'être physique.

La richesse financière n'est pas la première richesse. Elle est juste le résultat de la richesse spirituelle.

Je vais vous raconter un témoignage pour vous montrer comment cela marche.

Un jour, ma maman m'a demandé de remettre de l'argent à un jeune garçon qui était en problème avec son papa. Son papa voulait se rapprocher de lui mais ne savait pas comment le faire. Il a donc remis de l'argent à ma mère pour que je le remette à son fils qui est dans la même ville que moi. Lorsque j'ai vu le jeune garçon, je ne lui ai pas donné l'argent sur le champ. J'ai pris le temps de le faire asseoir et de lui expliquer que son papa l'aime et qu'il aimerait se rapprocher de lui. Pour preuve de son amour, il lui a envoyé une somme de 700 euros.

Le garçon était tellement touché par ce que je lui ai dit qu'il m'a remercié et je lui ai remis la totalité de la somme.

Par la suite, je l'ai accompagné prendre le tramway et il est rentré chez lui. Lorsque moi à mon tour je suis rentré à mon domicile, à ma grande surprise j'ai vu qu'il y'avait sous le sopalin un billet de 50 euros.

Je lui ai envoyé un message pour le remercier de ce geste inattendu. Il m'a dit « Ça ne vaut pas tes conseils. Merci grand frère ».

L'argent n'est pas la première richesse. Beaucoup de personnes affichant un train de vie de dépenses extrêmes ont en réalité effectué peu d'investissements qui leur permettent d'avoir des revenus.

Méfiez-vous des apparences. Ne vous comparez à personne car vous ne savez pas si la personne que vous admirez tant sur les réseaux sociaux s'est gravement endettée pour vous afficher un certain style de vie.

« L'argent est la quatrième richesse ».

— Raoul Wafo

Vous êtes surement en train de vous dire que « c'est absurde, comment peut-il dire cela ? ». Je vais vous donner des exemples pour appuyer mes propos.

Si vous aimez une personne juste parce qu'elle a de l'argent et non à cause de son cœur, vous êtes une personne pauvre. Si vous êtes proches d'une personne et que vous respectez juste son argent et pas cette dernière, vous êtes une personne pauvre.

Je vais vous faire un classement des richesses qui viennent avant l'argent. Voici le classement.

1. La richesse mentale
2. La richesse émotionnelle
3. La richesse relationnelle
4. La richesse financière

La richesse mentale, émotionnelle, relationnelle sont plus importantes que la richesse financière car à quoi cela vous servirait-il de posséder la richesse financière si vous ne possédez pas la richesse mentale, émotionnelle et relationnelle ?

C'est grâce à votre richesse mentale, émotionnelle et relationnelle que vous pourrez gérer correctement votre richesse financière.

Il faut que les évidences de votre richesse mentale, émotionnelle et relationnelle (Spirituelle) soient vues au travers de votre richesse financière (Matérielle). Cela me fait penser à un verset biblique tiré de

**3 Jean 1:2** qui dit « *Bien-aimé, je souhaite que tu prospères à tous égards et sois en bonne santé, comme prospère l'état de ton âme* ».

Ne méprisez jamais une personne car vous ne savez pas qui elle est en réalité. Il peut s'agir d'une personne extrêmement prospère sur tous les plans mais juste qu'elle a choisi de vivre dans l'humilité la plus absolue.

Pour vous c'est quoi la prospérité ? fait-elle juste allusion à l'argent ? Si c'est le cas, laissez-moi vous dire que vous avez complètement tort car la prospérité ne fait pas référence simplement à l'argent. Je peux même dire que l'argent est simplement un détail. Il est le résultat de la valeur que vous apportez dans la vie de vos semblables.

La prospérité est une harmonie de choses (les relations, les voitures, les maisons etc…) qui vous permettent d'atteindre votre but divin.

Le révérend *Raoul Wafo* a défini la prospérité comme étant « une entité qui accompagne un être humain lui permettant d'accomplir les desseins de Dieu sur terre et ne lui privant d'aucun bien nécessaire à l'accomplissement de ses plans ».

La création elle-même vous accompagne vers votre but. Elle vous soutient dans votre mission.

Si vous voulez aspirer à l'abondance, pensez, parlez, agissez comme un homme ou une femme riche voire prospère. C'est comme avec les mathématiques. Reproduisez exactement la même méthode que les riches et vous obtiendrez leurs résultats.

Vous allez me dire ou vous vous demanderez comment les riches agissent ? Quel est le style de vie d'une vraie personne riche ? Nous allons le voir dans le chapitre 2.

J'espère que vous n'êtes pas trop choqué(e)s ou encore chamboulé(e)s par ces révélations car ce n'est que le début. Attachez vos ceintures.

# Chapitre 1

## Qu'est-ce que la vraie richesse ?

### Résumé

- La richesse n'est pas définie premièrement par de l'argent dans un compte en banque. Elle est définie premièrement par la richesse spirituelle (Mentale).
- C'est la richesse spirituelle qui attire la richesse matérielle.
- L'argent est la quatrième richesse.
  Avant lui, il y'a la richesse mentale, émotionnelle, et relationnelle.
- La prospérité n'est pas une question d'argent premièrement mais une question d'harmonie de la création (relations, voitures, maisons etc…) qui vous accompagne dans l'accomplissement du but divin pour lequel Dieu vous a amener sur terre.

- Pour pouvoir avoir, jouir de l'abondance, penser abondance. Agissez comme les riches et ainsi vous obtiendrez les mêmes résultats que ces derniers.
- Ayez des pensées, des paroles, et des actions prospères.

# Chapitre 2

## La différence entre la richesse et le revenu

« Une façon de déterminer si une personne est riche ou non est basée sur le calcul de la valeur nette de son patrimoine. Cette valeur nette est définie comme la valeur actuelle de ses actifs moins les passifs (les comptes fiduciaires étant exclus) ».

— Thomas J. Stanley

Avant de commencer à parler de la différence entre la richesse et le revenu, réfléchissez-y une minute. Vous vous dites surement « Est-ce qu'il y'a une différence ? » Oui il y'a une différence entre la richesse et le revenu. Le revenu est ce que vous gagnez par mois. La richesse c'est votre patrimoine, votre valeur nette, ce que vous pesez.

Lorsque vous ne serez plus de ce monde, votre famille parlera de ce que vous avez laissé comme héritage et l'héritage fait référence à votre patrimoine.

Laissez-moi vous dire un secret que vous n'entendrez nulle part à part dans la bouche d'un homme ou une femme prospère.

Les riches pensent et parlent en termes de valeur nette.

Les pauvres pensent et parlent en termes de salaire.

Par exemple, lorsque nous entendons toujours parler de Kylian Mbappé (L'un des joueurs les mieux payés au monde) ou de Bernard Arnault (L'homme le plus riche de France selon le magazine *Forbes*), c'est toujours en termes de valeur nette et non en termes de salaire.

Avec du recul je me suis rendu compte que ce n'est pas parce que vous gagnez 500000 euros ou 800000 euros par mois que cela fait de vous une personne riche. Je vais vous donner un cas pour appuyer cette affirmation.

## **<u>Cas</u>**

Monsieur Bouvier était un médecin de 31 ans qui gagnait 144000 euros par an mais ne savait pas investir une partie de son argent. Il pensait qu'à le dépenser pour satisfaire ses désirs et se retrouvait à chaque fois sans le sou à la fin du mois.

Monsieur Clémenceau lui, était un homme d'affaire de 29 ans qui gagnait aussi 144000 euros par an.

A chaque fois qu'il rentrait en possession de son argent à la fin du mois, il l'épargnait et l'investissait afin d'avoir des revenus hors exploitation.

Je parlerai en profondeur des revenus hors exploitation dans la deuxième partie au chapitre 5.

Au fil du temps voire des années, son habitude d'épargner et d'investir lui ont fait atteindre la somme de 2500000 euros en valeur nette.

Quelle leçon pouvons-nous en tirer ?

Le plus important n'est pas la somme que vous gagnez par mois, mais c'est ce que vous faites de la somme que vous gagnez par mois.

Nous pouvons tous avoir le même salaire ou encore avoir la même bourse par mois mais ce qui va faire la différence c'est comment nous aurons dépensé cette argent.

Comment se calcule la valeur nette ?

> **Valeur nette =** Âge x Revenu annuel du ménage avant impôt annuels / 10

Par exemple, si Monsieur John 41 ans, gagne 150000 euros par an et investit 12000 euros, il multiplierait 162000 par 41. Cela équivaut à 6642000 euros. En divisant par 10, sa valeur nette devrait être de 664200 euros.

Si Monsieur Rodrigue a 61 ans et un revenu annuel total réalisé de 200000 euros par an, sa valeur nette est de 1220000 euros.

Et vous quelle est votre valeur nette compte tenu de votre âge et de votre revenu annuel ?

# Chapitre 2

## La différence entre la richesse et le revenu

## Résumé

- La différence entre le revenu et la richesse est que le revenu est la somme que vous percevez par mois alors que la richesse c'est votre patrimoine, ce que vous laisserez lorsque vous ne serez plus de ce monde.
- Les riches pensent et parlent en termes de valeur nette.
  Les pauvres pensent et parlent en termes de salaire.
- Ce n'est pas parce que vous gagnez une grosse somme d'argent par mois qu'elle fait de vous une personne riche financièrement.
- Le plus important n'est pas la somme que vous gagnez par mois, mais c'est ce que vous faites de la somme que vous gagnez par mois.

# Chapitre 3

# Les caractéristiques d'une vraie personne riche

La société a réussi à nous faire croire que les personnes riches sont des personnes habillées de manière « BLING BLING », passant leur temps à être dans des dépenses extravagantes et s'affichant sur les réseaux sociaux.

Cette conception est erronée et même moi encore une fois, j'ai été victime de ce mensonge.

Je vais vous dire les caractéristiques d'une vraie personne riche.

Habituellement, le riche est un homme d'affaires ayant vécu dans la même ville pendant toute sa vie. Il possède une petite usine, une chaîne d'entreprise de services.

Il n'a qu'une seule femme. C'est un homme intègre. Il vie dans le quartier de la classe moyenne avec une partie de son patrimoine. Il est une personne qui épargne et est un investisseur initié. Il réfléchit et investit en bon père de famille.

Il s'est construit avec pour fondation une relation avec Dieu au travers son fils Jésus-Christ.

Voici 7 caractéristiques communes des vraies personnes riches :

1. Elles vivent en dessous de leurs moyens.
2. Elles consacrent leur temps, leur énergie et leur argent de manière à créer de la richesse.
3. Elles estiment que l'indépendance financière est plus importante que d'afficher un statut social élevé.
4. Elles ont bâti leurs fortunes avec l'aide de Dieu.
5. Leurs enfants sont économiquement autonomes.

6. Elles savent cibler les opportunités du marché.
7. Elles ont choisi la bonne profession et elles ont découvert leur vocation.

Concentrez-vous sur la construction de votre avenir.

## La mentalité des jeunes à l'époque contemporaine

Dans mon livre « La mentalité des jeunes à l'époque contemporaine », j'ai préconisé aux jeunes de cette génération notamment aux jeunes hommes à chercher d'abord à être stables financièrement ou encore à être stables dans leur vie c'est-à-dire savoir ce qu'ils veulent avant d'avoir une femme car les femmes aiment la sécurité.

Vous attirez ce que vous êtes. Le Roi attire le palais. Si vous savez que voulez une vie de royauté sur cette terre, vous devez avoir une femme qui respire la royauté et qui a plus de valeur que des bijoux.

Une femme qui ne reste pas sans rien faire, une entrepreneuse, une personne qui assure le bien de sa famille. C'est avec ce genre de femme que vous devez être si vous aspirez à la royauté et il en va de même pour les femmes.

## Portrait du millionnaire

*Thomas J. Stanley et William D. Danko* dans leur livre « *Les surprenants secrets des riches américains* » ont dressé le portrait du millionnaire :

- Le ménage millionnaire type dispose en moyenne d'un patrimoine de 1,6 million de dollars.
- En moyenne, leur revenu total annuel représente moins de 7 % de leur richesse.
  En d'autres termes, ils vivent avec moins de 7 % de leur richesse.

- Ils sont pour 97 % propriétaires et vivent dans des maisons évaluées en moyenne à 320000 dollars. La moitié d'entre eux occupent le même logement depuis plus de 20 ans et ont donc pu bénéficier d'une augmentation significative de la valeur de leur patrimoine immobilier.
- Ils portent des costumes bon marché et conduisent des voitures d'occasion.
  Seule une minorité conduit le modèle dernier cri. Seule une minorité a un leasing pour leurs véhicules.
- La plupart de leurs épouses sont des planificatrices de budgets méticuleuses.
  82 % d'entre eux étaient d'accord avec le proverbe « Charité bien ordonné commence par soi-même ».
- Ils disposent d'un « fond de sécurité », c'est-à-dire qu'ils ont accumulé assez d'argent pour vivre sans travailler pendant plusieurs années.
  Ainsi, ceux qui ont un patrimoine d'une valeur nette de 1,6 million de dollars pourraient vivre confortablement pendant plusieurs années.

En réalité, ils pourraient même vivre des décennies, puisqu'ils économisent automatiquement au moins 15 % de leurs revenus tous les mois.

# Chapitre 3

# Les caractéristiques d'une vraie personne riche

## Résumé

- Les vraies personnes riches sont :
  1. Des personnes qui vivent en dessous de leurs moyens.
  2. Des personnes qui consacrent leur temps, leur énergie et leur argent de manière à créer de la richesse.
  3. Des personnes qui estiment que l'indépendance financière est plus importante que d'afficher un statut social élevé.
  4. Des personnes qui ont bâti leurs fortunes avec l'aide de Dieu.
  5. Des personnes dont les enfants sont économiquement autonomes.
  6. Des personnes qui savent cibler les opportunités du marché.

7. Des personnes qui ont choisi la bonne profession et ont découvert leur vocation.

- Dans mon livre « La mentalité des jeunes à l'époque contemporaines », j'ai préconisé aux jeunes hommes à chercher d'abord à être stables financièrement ou encore à être stables dans leur vie avant d'avoir une femme car les femmes aiment la sécurité.
- Vous attirez ce que vous êtes. Le Roi attire le palais.

# Chapitre 4

# Pourquoi devons-nous devenir riche ?

« Il n'est pas possible de vivre une vie complète ou réussie si l'on est pas riche ».

— Wallace D. Wattles

Être riche mentalement, financièrement voire sur tous les aspects de nos vies nous procurera du bonheur. C'est une responsabilité pour nous de devenir riche car cela nous permettra de contribuer ou encore d'investir dans la vie des autres.

Aussi cela permettra d'accomplir les buts pour lesquels Dieu nous a suscité sur terre.

Cela ne vous ferait-il pas plaisir qu'un jour tout en sachant que vous avez les moyens financiers et que vous possédez des hôtels d'inviter votre mère, votre frère ou un inconnu dans la rue à venir séjourner gratuitement dans l'un de vos hôtels afin de leur faire plaisir ? Cela ne vous ferait-il pas plaisir d'offrir un voyage à votre mère afin que celle-ci puisse se reposer ?

## Le droit d'être riche

*Wallace D. Wattles* dans son livre *« La science de l'enrichissement »* a évoqué le fait qu'aucun homme ne peut s'élever au plus haut niveau possible de talent ou de développement de l'âme s'il n'a pas beaucoup d'argent car pour développer l'âme et le talent, il faut avoir beaucoup de choses à utiliser, et il ne peut avoir ces choses que s'il a de l'argent pour les acheter.

L'homme se développe dans son esprit, son âme et son corps en se servant des choses, et la société est organisée de telle sorte que l'homme doit avoir de l'argent pour devenir le possesseur des choses.

Par conséquent, la base de tout progrès pour l'homme doit être la science de l'enrichissement.

Le droit de l'homme à la vie signifie son droit d'avoir l'usage libre et illimité de toutes les choses qui peuvent être nécessaires à son plein épanouissement mental, spirituel et physique ou en d'autres termes son droit d'être riche.

L'homme qui possède tout ce qu'il veut pour vivre toute la vie qu'il est capable de vivre est riche et aucun homme qui n'a pas beaucoup d'argent ne peut avoir tout ce qu'il veut.

La vie a tellement progressé et est devenue si complexe, que même l'homme ou la femme la plus ordinaire a besoin d'une grande quantité de richesses pour vivre d'une manière qui approche même de la complétude.

Chaque personne souhaite naturellement devenir tout ce qu'elle est capable de devenir.

Ce désir de réaliser des possibilités innées est inhérent à la nature humaine.

Nous ne pouvons pas nous empêcher de vouloir être tout ce que nous pouvons être. Réussir dans la vie, c'est devenir ce que l'on veut être.

Nous ne pouvons devenir ce que nous voulons être qu'en utilisant des choses, et nous ne pouvons avoir le libre usage des choses que si nous devenons assez riche pour les acheter.

Il n'a rien de mal à vouloir s'enrichir. Le désir de richesse est en réalité le désir d'une vie plus riche, plus pleine et plus abondante et ce désir est louable. L'homme ou la femme qui ne désire pas vivre plus abondamment est anormal, et de même l'homme ou la femme qui ne désire pas assez d'argent pour acheter tout ce qu'il veut est anormal.

## Chapitre 4

## Pourquoi devons-nous devenir riche ?

## Résumé

- Devenir riche est un droit légal pour un homme ou une femme. Être riche mentalement, financièrement voire sur tous les aspects de nos vies nous procura du bonheur.
C'est une responsabilité pour nous de devenir riche car cela nous permettra de contribuer ou encore d'investir dans la vie des autres.
- Aucun homme ne peut s'élever au plus haut niveau possible de talent ou de développement de l'âme s'il n'a pas beaucoup d'argent car pour développer l'âme et le talent, il faut avoir beaucoup de choses à utiliser, et il ne peut avoir ces choses que s'il a de l'argent pour les acheter.
- Le droit de l'homme à la vie signifie son droit d'avoir l'usage libre et illimité de toutes les choses

qui peuvent être nécessaires à son plein épanouissement mental, spirituel et physique ou en d'autres termes, son droit d'être riche.

- Chaque personne souhaite naturellement devenir tout ce qu'elle est capable de devenir. Ce désir de réaliser des possibilités innées est inhérent à la nature humaine.
- Le désir de richesse est en réalité le désir d'une vie plus riche, plus pleine et plus abondante et ce désir est louable. L'homme ou la femme qui ne désire pas vivre plus abondamment est anormal, et de même l'homme ou la femme qui ne désire pas assez d'argent pour acheter tout ce qu'il veut est anormal.

# DEUXIEME PARTIE

# LA GESTION FINANCIERE

# Chapitre 5

# 5 LOIS POUR UNE BONNE GESTION FINANCIERE

« L'éducation formelle vous donnera un salaire. L'éducation personnelle vous donnera une fortune ».

— Jim Rohn

Comme je l'ai dit au tout début de ce livre, l'école ou l'université ne nous a jamais appris à bien gérer notre argent. On nous a entraîné depuis le bas âge à être des consommateurs et non des producteurs c'est-à-dire des personnes qui créent, qui sont des propriétaires ou encore des gestionnaires.

Mais j'ai une bonne nouvelle pour vous, cela va changer dès que vous aurez fini de lire ce livre.

Vous aurez la mentalité d'un millionnaire éveillé, c'est-à-dire une personne qui sait gagner, gérer, protéger, fructifier son argent et qui voit l'abondance partout.

En faisant face à des difficultés financières auparavant et par ma volonté de me sortir de ces dernières, j'ai découvert des lois qui m'ont permis jusqu'à présent de bien gérer mes finances et je vais les partager avec vous.

## PREMIERE LOIS : LA DÎME

L'une des choses très importante que je dirai par rapport à la dîme, c'est que si vous voulez voir des choses que vous n'avez jamais vu, faites ce que vous n'avez jamais fait.

Dans son livre « *Les secrets d'un esprit millionnaire* », *T. Harv Eker* étant un jeune homme impertinent, pensant savoir à peu près tout et dont le compte bancaire disait le contraire a évoqué le fait qu'il s'est retrouvé devant l'ami extrêmement riche de son père et ce dernier lui a dit :

« Harv, si tu ne réussis pas aussi bien que tu le voudrais, tout ce que ça veut dire, c'est qu'il y'a quelque chose que tu ignores ».

Je peux même dire que dans le contexte de notre société actuelle, si beaucoup de jeunes voire des étudiants ne réussissent pas comme ils le veulent ou se retrouvent à chaque fois avec des problèmes financiers c'est parce qu'ils ignorent quelque chose.

Si je vous disais que le principe de la dîme (Donner 10 % de tous vos revenus à l'œuvre de Dieu) est un principe très puissant qui vous permettra d'avoir une bonne relation avec vos finances, allez-vous me croire ?

Si je vous disais qu'il est l'un des premiers principes de la prospérité, allez-vous me croire ? Pourquoi d'après-vous la richesse d'Oprah Winfrey ou de

Bernard Arnault augmente d'année en année ? Pourquoi d'après-vous les juifs font partie des hommes les plus riches de ce monde ?

Votre vie prendra les couleurs de vos croyances. Qu'est que vous avez vu, entendu, et vécu dans le passé ?

Prenez un temps, rentrez en vous-même et posez-vous ces questions. Cela représentera votre programmation.

Notez que la programmation précède les pensées, les pensées précèdent les actions, et les actions précèdent les résultats.

A chaque fois que vous recevez votre argent par mois, retirez 10 % de votre argent et donnez-les à l'œuvre de Dieu (Votre église locale).

Avant j'avais peur de donner. Je résistais beaucoup et j'avais des problèmes avec mes finances. Autrement dit au fur et à mesure que je ne donnais pas, ma peur et mes problèmes financiers s'accentuaient.

Je ne voyais même pas les entrées et les sorties. Lorsque j'ai commencé a appliqué le principe de la dîme, j'ai vu mes finances augmenter et ma relation avec ces dernières se stabiliser.

Je suis maintenant épanoui sur tous les plans. Je ne m'inquiète plus de rien.

Vous ne devez pas négliger votre relation avec vos finances car ils impacteront votre vie.

La plupart des personnes sont aigries à cause du fait qu'elles ne savent pas gérer leur argent et j'ai été dans ce cas.

Les millionnaires éveillés offrent les premiers 10 % de tous leurs revenus à leurs églises ou à des œuvres caritatives. En faisant cela, ils attirent la prospérité et multiplient leur richesse.

Cela a fonctionné pour Rockefeller et Carnegie qui faisaient régulièrement des dons. Aussi, cela a fonctionné pour Oprah Winfrey qui a offert 10 % de ses revenus annuel à des œuvres de charité.

Les offrandes donnent de l'expansion à votre argent.

Lorsque vous donnez, votre argent ne diminue pas. Il augmente de 1000 %. Il faut être dans la dimension spirituelle pour comprendre cela.

Les millionnaires éveillés le comprennent.

L'argent est semblable à de l'eau. En effet, il existe sous trois formes :

**Congélation** (matériel), **liquide** (mental) **et spirituel**.

Lorsque vous offrez de l'argent avec gratitude de votre richesse, cela vous fait passer de la dimension matérielle à la dimension spirituelle.

L'eau prend de l'expansion lorsqu'elle chauffe et l'argent fait de même lorsqu'il est donné.

Les dons font profiter l'argent de manière exponentielle.

A l'opposé, plus vous êtes avares avec votre argent, plus il devient compact.

## Dieu sait où se trouve l'or et l'argent

Dans leur livre « *Réveillez le millionnaire qui est en vous* », *Mark Hansen et Robert Allen* ont évoqué que d'après un sondage Gallup, 95 % des Nord-Américains croient en Dieu et à l'intérieur de ce pourcentage, il y'a des millionnaires et des milliardaires.

Aussi, ils ont dit que si la vie spirituelle est si importante pour la plupart d'entre nous, pourquoi ne puisons-nous pas plus souvent dans la spiritualité pour atteindre nos objectifs financiers ?

Généralement, les gens n'associent pas l'argent et les questions spirituelles. Il est ridicule d'apprendre à maîtriser le monde de l'argent sans tenir compte de l'auteur de toutes les richesses.

Dieu sait probablement quels marchés seront à la hausse demain, quelles valeurs mobilières tripleront l'an prochain et quelles idées feront d'une personne méritante un millionnaire ou un milliardaire.

Dans la bible, Abraham était l'un des hommes les plus riches de son époque.

« *Abram était très riche en troupeaux, en argent et en or* » **Genèse 13:2**

Ses biens matériels n'étaient pas une punition, mais une récompense de sa foi.

*« Apportez à la maison du trésor toutes les dîmes, afin qu'il y'ait de la nourriture dans ma maison. Mettez-moi de la sorte à l'épreuve, dit l'Eternel des armées. Et vous verrez si je n'ouvre pas pour vous les écluses des cieux, si je ne répands pas sur vous la bénédiction en abondance. Pour vous je menacerai celui qui dévore, et il ne vous détruira pas les fruits de la terre. Et la vigne ne sera pas stérile dans vos campagnes, dit l'Eternel des armées »* **Malachie 3:10-11**

Dieu nous invite à le mettre à l'épreuve.

## Les bénéfices de la dîme

La vie avec Dieu est comme un chèque en blanc. Inscrivez sur le chèque ce que vous voulez en faisant preuve de foi et il vous récompensera.

Les récompenses de la dîme peuvent venir sur plusieurs formes telles que l'argent, le succès dans vos affaires, la stabilité dans vos relations, des connexions avec des personnes ou des idées de business etc...

## DEUXIEME LOIS : L'ÉPARGNE

L'épargne est très importante pour celui ou celle qui veut atteindre la liberté financière. Beaucoup de personnes ont l'impression que mettre de l'argent de côté leur fera perdre quelque chose.

C'est pour ça qu'elles évitent de le faire.

Comme je le dis toujours, la vie est une question de choix. Soit vous vivez sur du court terme, soit vous vivez sur du long terme.

Epargner vous permettra d'avoir la tranquillité d'esprit, la certitude et une immense fortune plus tard. Lorsque vous recevez votre salaire, votre bourse ou encore de l'argent que vos parents vous envoient par mois, après avoir donné la dîme (10 %)

à Dieu, la deuxième chose que vous devez faire c'est épargner.

Soit vous mettez 10 %, 15 %, 20 %, ou 30 %.

Le choix vous appartient. Vous devez prendre l'habitude d'épargner automatiquement.

Cela doit devenir un réflexe.

Le succès commence par les faibles commencements. En prenant l'habitude de mettre des petites sommes de côté, vous vous entraînez à mettre de grosses sommes de côté.

La façon dont un enfant prend soin de son vélo vous dira beaucoup sur la façon dont il prendra soin de sa voiture quand il sera grand. Notre génération néglige trop les faibles commencements.

Le temps est venu pour nous de briser les chaînes et d'aller de l'avant. Comme le dit Tony Robbins, « L'épargne fait partie des décisions financières les plus importante de votre vie ». Il est temps de commencer à épargner les amis.

Par exemple, Oseola McCarty, une américaine ayant travaillé dur pendant 75 ans en lavant et en repassant des vêtements a pris la décision un jour de mettre de côté une partie de ses revenus dans son compte épargne.

Par la suite, cela n'a fait que s'accumuler. Elle ne possédait ni le talent musical de Michael Jackson, ni le talent sportif de Mike Tyson mais elle a travaillé dur et avait des connaissances solides pour faire travailler son argent.

## **TROISIEME LOIS : L'INVESTISSEMENT**

Après avoir épargné votre argent, vous devez le fructifier. Vous devez trouver une terre qui sera capable de multiplier votre semence.

Observez l'agriculteur avec ses graines pour pouvoir comprendre le monde de l'investissement.

Aujourd'hui, il existe différent type d'investissements qui vous permettront de fructifier votre argent notamment :

- Les investissements issus d'instruments financiers comme les actions, les obligations, les bons de trésor, les marchés monétaires, les fonds mutuels, la possession d'hypothèques ou d'autres actifs qui gagnent en valeur et peuvent être transformés en liquidités.
- L'entreprise qui travaille pour soi : les affaires génèrent des revenus de sorte qu'on ait plus à s'engager personnellement pour que cette entreprise fonctionne d'elle-même et rapporte un revenu. Par exemple des immeubles locatifs, des redevances de livres, de musique ou de logiciel, l'exploitation sous licence de vos idées, devenir propriétaire d'une

franchise, être propriétaire d'unités d'entreposage, être propriétaire de distributeurs automatiques ou autres type d'appareils fonctionnant par l'introduction d'une pièce de monnaie, et le marketing de réseau. Le but est de faire travailler une entreprise de manière à ce qu'elle produise à votre place de la valeur pour les gens.

Ces investissements vous permettront d'avoir des revenus hors exploitation c'est-à-dire gagner de l'argent sans travailler.

## L'agriculteur et ses graines

Un agriculteur lorsqu'il s'apprête à semer une graine, prend le temps d'analyser ou encore prend le temps de choisir la terre où il déposera sa graine.

Après avoir choisi l'environnement et mis en terre sa graine qui est une semence, il l'arrose avec de l'eau et le fait 2 à 3 fois par jour. Il garde la foi face à sa semence car il sait qu'elle portera du fruit.

Vous savez quoi ? C'est la même chose que les investisseurs initiés font avec leur argent dédié à l'investissement. Ils savent que chaque billet d'argent qui se retrouve dans leurs mains a en lui le potentiel de reproduction d'autres billets d'argent.

1 euro a en lui le potentiel de 10 euros

10 euros a en lui le potentiel de 100 euros

100 euros a en lui le potentiel de 1000 euros

A présent, réfléchissez deux fois avant de dépenser votre argent dans des futilités.

# QUATRIÈME LOIS : PLANIFICATION POUR LES DÉPENSES

Après avoir investi une partie de votre argent, vous devez planifier vos dépenses. Je vous conseille d'avoir un deuxième compte consacré à vos dépenses. Comme le dit *Warren Buffet*, ne mettez pas vos œufs dans le même panier.

Diversifiez votre portefeuille.

Avoir un compte dédié à vos dépenses vous permettra de bien gérer votre argent.

Je vous recommande un compte Boursorama pour vos dépenses si vous êtes en France.

Ne dépensez jamais le quart de ce que vous gagnez.

## CINQUIEME LOIS : LE CONTENTEMENT

Beaucoup de personnes croient que le contentement est une situation où nous ne devons pas désirer plus, une situation où nous devons vivre dans la pauvreté ou encore de manière limités. N'avez-vous jamais entendu cette phrase « Contentez-vous du peu que vous avez ». Personnellement, cette phrase m'irrite, car elle donne lieu au fait de vivre dans la limitation.

Nous avons été créés pour l'abondance et non pour le manque. Nos pensées, nos paroles, nos actions doivent être en accord avec celle-ci.

Nous devons nous poser la question « Dans quelle optique devrions-nous vivre en dessous de nos moyens ? ».

Pour les riches, le contentement est une situation où ils vivent en dessous de leurs moyens afin de maximiser leurs revenus.

Vous devez être très exigeants voire disciplinés lorsque vous mettez en place la loi du contentement.

Vous devez vous fixer un objectif et l'atteindre.

Vous devez payer le prix. Je le répète encore « ne vivez pas en fonction du regard des gens » sinon vous avez allez-vous perdre.

Par rapport à la loi du contentement, si vous décidez de vivre en fonction du regard des gens, cela vous perturbera dans vos dépenses.

Vous allez vous retrouvez à faire des dépenses qui n'étaient pas prévues juste parce que vous avez vu un ami s'acheter un pantalon et des chaussures. Soyez un créateur et non un compétiteur.

Vivre en ayant la mentalité d'un créateur vous permettra d'être concentrés sur vous et sur vos objectifs. Vivre en ayant la mentalité d'un compétiteur fera en sorte que vous chercherez l'approbation des autres et ce serait néfaste pour vous car le comportement d'un être humain est comme la météo. Il change à tout moment.

## Anecdotes sur les juifs

Savez-vous pourquoi les juifs font partie des personnes les plus riches de ce monde et sont présents dans les hautes sphères de la société ?

C'est parce que depuis leur enfance, on leur a enseigné comment gagner, gérer, protéger et fructifier de l'argent.

Ils appliquent le principe de la dîme, des offrandes, de l'épargne et de l'investissement.

Lorsqu'un juif a par exemple 100 euros, voici comment il le répartie :

- Dîme : 10 euros
- Offrande : 10 euros
- Epargne : 10 euros

- Investissement : 20 euros
- Dépense

C'est grâce à ces principes qu'ils réussissent.

# Chapitre 5

# 5 LOIS POUR UNE BONNE GESTION FINANCIERE

## Résumé

Pour pouvoir bien gérer et avoir une bonne relation avec votre argent, vous devez :

- Payer votre dîme : lorsque vous recevez votre argent, enlevez-y 10 % et apportez cela à l'hôtel de Dieu (à votre église locale).
- Epargner : après la dîme, mettez de l'argent dans votre compte épargne. Soit vous enlevez 10 %, 15 %, 20 %, ou 30 %. Le choix vous appartient.
  Ne négligez jamais les faibles commencements.
- Investir : après l'épargne, vous devez investir afin d'avoir des revenus hors exploitation c'est-à-dire gagner de l'argent sans travailler.
- Planifier vos dépenses : ouvrez un deuxième compte bancaire et dédiez-le à vos dépenses.

Vous devez tout faire pour bien gérer votre argent. Cela vous disciplinera.

- Faire preuve de contentement : lorsque vous gérer vos dépenses, ayez en tête de vivre en dessous de vos moyens afin de maximiser vos revenus. Ne vous comparez à personne.

  Soyez des créateurs et non des compétiteurs.
- La réussite des juifs est déterminée par le fait que dès le bas âge, on leur enseigne comment gagner, gérer, protéger et fructifier de l'argent.

# Chapitre 6

# LES AVANTAGES D'UNE BONNE GESTION FINANCIÈRE

« L'argent est un outil. Il vous amènera là où vous souhaitez, mais il ne vous remplacera jamais en tant que chauffeur ».

— P.T Barnum

Une bonne gestion financière vous permettra d'atteindre l'autonomie et la liberté financière.

Comme je l'ai dit récemment, la plupart des gens sont aigris à cause du fait qu'ils ont des problèmes avec leurs finances et il faut un remède à cela.

Dans ce chapitre, je vous parlerai des avantages d'une bonne gestion financière.

## Avantage N° 1 : Une bonne relation avec Dieu

Beaucoup de personnes se sont éloignées ou encore ne croient plus en Dieu parce qu'elles ont des problèmes avec leur finances. Vous qui êtes en train de lire ce livre, vous êtes surement dans ce cas. Laissez-moi vous dire que la volonté de Dieu est que vous soyez prospères à tous égard.

Il veut que vous soyez de bons gestionnaires des avoirs qu'il mettra entre vos mains. Il sait que bien gérer vos finances vous permettra d'avoir une bonne relation avec lui et une bonne adoration envers lui car il vous aime et il aimerait vous combler de toute sorte de biens.

Bien gérer vos finances vous permettra d'attirer les bénédictions que Dieu a prévues pour vous.

## Avantage N° 2 : Une bonne relation avec vous-même

Bien gérer votre argent vous permettra d'avoir une bonne relation avec vous-même c'est-à-dire que vous serez heureux, en paix, épanouis ou encore en joie. Vous n'allez plus vous souciez du lendemain et vous n'aurez plus de la frustration.

Vous aurez le plaisir de donner parce que vous saurez au fond de vous que vos finances sont stables et affluent de manière abondante.

Tout dépend de votre conception de la réalité.

Si vous croyez que vous vivez dans un monde d'abondance, alors ce sera le cas pour vous.

Vous ne vous êtes jamais demandé comment les insectes, les oiseaux ou la rose vivent ?

Ces derniers ne se soucient jamais du lendemain car le lendemain se souciera de lui-même.

Ils se contentent juste de vivre et d'accomplir leur mission sur terre.

## Avantage N° 3 : Une bonne relation avec notre entourage

Souvent dans les familles voire dans notre entourage, les disputes ou les séparations sont causées à cause du manque d'argent.

Selon l'enquête Harris, près de la moitié des français concernés déclarent avoir déjà connu une dispute sur un sujet financier avec leur conjoint.

32% avec leurs parents, et pas moins d'1/4 avec un collègue ou un ami. Ces conflits sont plus souvent rapportés par les personnes aux revenus faibles, mais également par celles aux revenus les plus élevés, que par les classes moyennes.

Par exemple, 30% des personnes aux revenus faibles déclarent s'être déjà disputées avec un ami à propos d'argent, et 26% chez les personnes aux revenus élevés, contre seulement 19% dans les catégories intermédiaires.

Une bonne relation avec votre argent vous permettra de bien traiter les autres. Aussi, cela vous évitera des problèmes futiles. Soyez maître de votre argent et non un esclave de celui-ci.

## Chapitre 6

## LES AVANTAGES D'UNE BONNE GESTION FINANCIÈRE

### Résumé

Une bonne relation avec vos finances vous permettra d'avoir :

- Une bonne relation avec Dieu : Vous pourrez adorer correctement le créateur de l'univers, celui qui vous a façonné à son image et qui vous aime.
- Une bonne relation avec vous-même : vous serez heureux, en paix, épanoui ou encore en joie.
- Une bonne relation avec votre entourage : vous traiterez vos semblables correctement.

# Conclusion

La gestion financière chez les jeunes est un sujet tabou qui devrait être régulièrement évoqué car cela permettra à notre génération de savoir comment bien gérer ses finances. Aussi, cela évitera la frustration, le mépris, le dégout, ou encore les conflits avec notre entourage. La prospérité d'un pays dépendra de la prospérité de ses habitants. Tout en sachant que les jeunes sont l'avenir de demain, leur permettre de savoir comment gagner, gérer, protéger, fructifier leur argent augmentera la prospérité du pays dans lequel ils sont nés.

## Remerciements

Par ce livre, je veux dire merci à mes mentors spirituelles et financiers qui sont l'apôtre Alain Patrick Tsengue et le révérend Raoul Wafo pour leurs édifications qui m'ont permis d'avoir une bonne attitude par rapport à mes finances.

Aussi, à ma mère et mon père qui m'ont enseigné l'humilité, l'amour, la bienveillance, la persévérance et qui continuent toujours de le faire.

## À propos de l'auteur

Tiffen NDJAMBOU est un étudiant, entrepreneur, écrivain et philanthrope. En décembre 2022, il a créé l'association GODWIN qui est une association à but non lucratif qui a pour but de venir en aide matériellement et mentalement aux démunis, personnes âgées, handicapées et tout autre personne en difficulté.

En 2023, il a créé un label de production musicale qui a pour but de promouvoir les jeunes passionnés de musique.

En 2024, il a sorti son premier livre intitulé « La mentalité des jeunes à l'époque contemporaine, ce que font les 10 % des jeunes qui réussissent et les 90 % qui échouent » qui invite les jeunes de l'ère de l'information à rechercher les principes du succès comme un trésor enfoui. Vous pouvez le suivre sur instagram au nom de Tiffen Ndjambou ou le contacter par mail à Tiffenndjambou3@gmail.com.

www.ingramcontent.com/pod-product-compliance
Lightning Source LLC
Chambersburg PA
CBHW071951210526
45479CB00003B/896